Jorge Morales-Franceschi

Jorge Morales-Franceschi

Te enamorarías de mí

Jorge Morales-Franceschi

ISBN 978-9962-12-107-7

Jorge Morales-Franceschi

Te enamorarías de mí

Primera edición

Impreso por CreateSpace (una compañía de Amazon Digital Services, Inc.) en Charleston, Carolina del Sur. Estados Unidos de América.

"A ella, quien amé y aún amo con ferviente devoción, que, sin importar el tiempo ni la distancia, yo siempre albergo en mi corazón; la posibilidad que estemos juntos en alma, vida y corazón; hasta el fin de nuestros días…"

Jorge Morales-Franceschi

Jorge Morales-Franceschi

Índice

Jorge Morales-Franceschi

A la que ama el romance

Jorge Morales-Franceschi

Los días oscuros y grises, solo eso veo,

aunque sea la tarde más veraniega, soy

incapaz de apreciarlo, pues no te tengo a mi

lado, y es que son tus ojos los que me

iluminan el atardecer, tanta es la luz que me

brinda, la cual yo aprovecho como aquel

mendigo feliz al encontrar comida, pues,

aunque el día fuese el más tétrico, a tu lado

se vuelve soleado.

-*-*-*-*-*-*-*-*-*-*-*-*-*-*-*-*-*-*-

¡Qué más quisiera yo! ser aquel dueño de tu

corazón, tus pensamientos y los míos

volverlos uno solo, dejar los recuerdos

tristes, los sufrimientos y las penas, echarlo

todo al olvido y vivir, reescribir una historia

completamente nueva, donde tú y yo

seamos los protagonistas, viajar a un mundo

nuevo, donde nada ni nadie importe, un

mundo donde solo tú y yo seamos los

únicos habitantes, y estando a tu lado,

miraré al cielo, y a la estrella más hermosa

que encuentre, le pondré tu nombre, para

que me recuerde siempre a ti y el resto

morirán de envidia, pues no habrá, estrella

más hermosa en todo el firmamento que

aquella.

-*-*-*-*-*-*-*-*-*-*-*-*-*-*-*-*-*-*-

Todo lo daría por tenerte a mi lado, pues de

nada valen los lujos, la riqueza y el éxito, si

mi corazón está completamente vacío, vacío

por no tener tu amor, aquel amor que añoro

desde el primer instante en que te vi,

química casi instantánea, caigo derretido a

tus pies con solo verte, y al escuchar tu voz,

todo el universo a mi alrededor se pone en

pausa, es como si no existiera más nada por

ese solo instante, soy completamente

incapaz de realizar alguna otra tarea, solo

puedo quedarme embelesado escuchándote,

aunque fuese un simple "Hola",

_*_*_*_*_*__*_*_*_*_*_*_*_*_*_*_*_*_*_

Pensar en ti. Es lo que mejor se hacer,

cuando debería estar trabajando, pienso en

ti, a cada momento, a cada instante, cuán

grande e infinito es el amor que siento, que

no me permite realizar actividad alguna; sin

que este yo pensando en ti, y aunque el sol

se fuese, un torrencial aguacero cayera sobre

mí, sería feliz, si solo estuvieras a mi lado,

pues contigo todo es simple, pues contigo

aprendí lo que es el amor desde otra

perspectiva,

No sé si fue amor a primera vista, solo sé

que desde aquel instante en que te vi, no he

parado de pensar en ti, en lo mucho que me

gustas, en aquella sonrisa que me enamora,

en esos ojos que iluminan todo mi camino,

Es como si el mundo se detuviera al verte.

-*-*-*-*-*--*-*-*-*-*-*-*-*-*-*-*-*-*-

A veces quisiera que la gente pudiese

experimentar lo que siento, aunque sea por

minutos, así, del mismo modo quisiera yo

poder experimentar lo que sienten otras

personas. No sé qué habrá sido de ella, era el

último vestigio de felicidad que quedaba en

mi vida, y se fue. Se fue para más nunca

volver y pensar que la tuve tan cerca y a la

vez tan lejos de mi vida, a pesar de la

distancia física, siempre la llevo conmigo en

mi mente y mi corazón. Algunas veces me

pregunto, ¿Cómo estará?, Hay quienes

piensan que amar es algo tan efímero, y

hasta cierto punto tienen razón, pero el

amor verdadero es aquel que siempre

permanece en la memoria, aunque pasan los

años.

A pesar de haber estado con muchas

mujeres, incluso más jóvenes, inteligentes y

hermosas que ella, había algo en ella, algo

muy particular, algo que jamás podré

olvidar, es precisamente allí donde supe que

era amor verdadero, cuando estás dispuesto

a darlo todo por esa persona, cuando sientes

que más nada en el mundo importa, excepto

ella.

Nunca antes había experimentado esa

sensación hasta ahora, alguna vez creí haber

estado enamorado, y mi corazón se llenó de

tribulación al saber que aquel amor se había

ido, mas ahora sé que aquello no era amor

verdadero, solo había sido una ilusión, pues

si en realidad hubiese estado enamorado, no

me hubiese vuelto a fijar en ninguna otra

mujer.

Y aun con muchos amores venideros, nunca

ninguno como ella, no hay nadie como ella,

es tan dulce y especial para mí. En mi mente

y mi corazón solo existe una sola, soy

incapaz de ver a otra mujer que no sea ella,

no soy capaz de sentir lascivia por ninguna otra que no sea ella.

Quisiera ser capaz de retroceder el tiempo, y evitar conocerla. A veces siento que no haberla conocido hubiese sido lo mejor, no obstante, recuerdo como era mi vida antes de haberla conocido, pensaba que era feliz, más en realidad no lo era, no conocía como era la vida en realidad, no tenía noción de las emociones, del tiempo, de aquellas cosas que en realidad valen mucho. La verdad es que, aun siendo capaz de retroceder el tiempo, haría exactamente lo mismo, pues por mucho o poco que haya durado su presencia en mi vida, fueron grandes momentos, llenos de magia y alegría, los que viví a su lado.

Para el resto del mundo es fácil criticar, la gran mayoría de las personas que son "críticos" de cualquier cosa, jamás han intentado hacer las cosas que ellos suelen se especialistas en criticar.

La gran pregunta es, ¿volveré a verla? ser capaz de poder volver a amar a otra mujer, olvidar de una vez por todas la pasada experiencia, aunque yo sé que siempre ocupara un lugarcito muy especial en mi corazón, será bonito, aunque sea por última vez, justo antes de llegar al ocaso de mi vida, encontrar un nuevo amor, una mujer que me haga sentir todas aquellas cosas que me gustaría experimentar, aquellas cosas que veo en las otras personas, pero que yo soy completamente incapaz de sentir.

_-*-*-*-*-*--*-*-*-*-*-*-*-*-*-*-*-*-*-

Puede que, después de tanto luchar, no

estemos juntos, más yo sé que vivo en tu

corazón tanto o más de lo que tú vives en el

mío. ¿Qué es lo único que me mantiene

vivo? la esperanza, esa que algún día, así

fuese en otra vida, finalmente podremos

estar juntos. Amándonos tal cual lo

soñamos, en un mundo donde no haya

envidia, ni enemigos, ni problemas

económicos. Un mundo donde solo

existamos tú y yo. Donde yo te haga la

mujer más feliz del mundo y donde yo seré

el hombre más feliz del mundo, por cuanto

si tú eres feliz, yo también seré feliz.

_-*-*-*-*-*-*-*-*-*-*-*-*-*-*-*-*-*-

Dónde estuviste, en aquel tiempo, años

pasaron. Supe que, a pesar de lo vivido,

nunca sería lo mismo. Estuve muchas

noches, esperando y soñando, a la

expectativa de volverte a ver.

Estar siempre a tu lado. Quizás no sepa

mucho de la vida, mas si del corazón, quizás

no sepa mucho de las guerras, mas si de la

paz, quizás no sepa mucho del odio, mas si

del amor.

Precisamente ese amor, dulce que me llevo

al frenesí, es aquí donde, me motiva a seguir

adelante.

Donde había dejado los recuerdos, de

aquella que mi corazón no olvida. No fue

necesario un adiós. Fue tan solo un hasta

pronto. Y por las mañanas, un sol radiante

ilumina mi ser, su fotografía junto a mi

almohada, hacen de mis mañanas, las

mejores cada día.

Aunque no pueda estar con ella, aunque las

circunstancias nos separen, mi alma y mi

corazón la recuerdan día a día. Y ni el

tiempo, ni la distancia podrán jamás, matar

este amor.

-*-*-*-*-*-*-*-*-*-*-*-*-*-*-*-*-*-*-

Su belleza ilumina mi ser, al verla me derrito

por completo, Al oír su voz yo tiemblo, y

aunque sea de lejos, al verla mi corazón

acelera, a mil por hora tal vez, no lo sé,

Por tan solo diez minutos con ella, yo daría

mi vida entera, Pues es mejor a ver amado y

morir antes de tiempo, que una longeva

vida sin su amor. Amores puede que haya

muchos, pero jamás como el de ella, que,

21

pese a las vicisitudes, que al final resultan

no ser más que nimiedades,

ella siempre está conmigo, dándome su

apoyo, en un mundo lleno de infinitas

constantes,

ella es la única variable, aquella variable en

mi formula, que me ayuda en la resolución

de problemas.

Sin esa variable, carece por completo de

sentido mi vida.

_-*-*-*-*-*-*-*-*-*-*-*-*-*-*-*-*-*-*-_

No importa que tan cerca o tan lejos este,

solo pienso en ella, tenerla junto a mi es el

mayor regalo que la vida ha podido darme,

no importa cuán lúgubre sea mi vida, ella la

llena de luz, no importa el trabajo, el *stress* o

los compromisos, todo desaparece cuando

ella está conmigo, pues siempre sabe que

decir para hacerme sentir mejor, aunque no

necesariamente sea lo que yo quiera

escuchar, ella siempre me dice lo que en

verdad yo debo escuchar, por eso es tan

grande el amor que siento por ella, siempre

está allí para mí, desvivida y preocupada

por cómo me siento,

No sé qué sería de mi vida sin su amor.

Las palabras tal veas sean vacías e

intrínsecas para ella, más yo sé que en lo

más profundo de su corazón, ella sabe

cuánto la amo,

Quisiera ser su razón de ser, su vida, su

corazón, su cielo, su sol, sus estrellas, que

cuando piense en algo bonito, siempre

piense en mí, del mismo modo que la amo,

aspiro a que ella me ame, aunque el mundo

se acabara hoy, y aunque no estuviéramos

juntos hasta el último respiro, en mi

corazón, moriría contento, solo de saber que

la última cosa en la que pensó, fue en

nosotros y en nuestro inmenso amor.

-*-*-*-*-*-*-*-*-*-*-*-*-*-*-*-*-*-

No hay día en que no me canse, de decirle

cuanto la amo, aunque mi prosa parezca

trillada, y un tanto mal obrada, viene de lo

más profundo de mi ser, para expresarle

cuanto la deseo, cuanto la respeto, cuanto la

admiro, por esa forma de ser, por esa mirada

dulce y angelical, por su voz afable, que me

inspira, los más hermosas sentimientos, que

podría alguien albergar, muchos tal vez

digan lo mismo, no obstante no siempre es

sincero, yo trato de hacerle frente a mis

emociones, y en lo inverosímil que parezca.

Amor mío, contigo tan cerca y a la vez tan

lejos, te amo con todo mi ser.

-*-*-*-*-*-*-*-*-*-*-*-*-*-*-*-*-*-*-*-

No existe más en este mundo que tu amor,

ese amor que quisiera yo obtener, por las

noches me desvelo, tu recuerdo me

persigue, y al tenerte cerca, al escuchar tu

voz o al oír mencionar tu nombre, yo siento

que todo mi mundo deja de tener sentido,

estando contigo, mi corazón se llena de

alegría y regocijo, tan profundo como las

aguas de los océanos e inconmensurable

como la arena del mar, yo sin ella no podría

vivir, pues es el amor de mi vida, aunque se

va y no vuelve, aunque pasen días y no me

escriba, en mi mente siempre su recuerdo

está, y al ver a otras mujeres, la veo a ella, mi

corazón no hace más que palpitar, en ansias

de tener, un poco de su dulce amor.

-*-*-*-*-*-*-*-*-*-*-*-*-*-*-*-*-*-

Lo que diga el mundo, puede ser misa y volverse ceniza, yo la seguiré amando, a pesar de las adversidades, ¿Dónde está? los sueños, ¿A dónde ira? al último lugar del mundo, para seguirla amando, hoy más que ayer y mañana más que hoy, podría morir hoy a causa de su veneno, y ser feliz, al saber el ultimo rostro que vería, sería el suyo. A veces me pregunto, duda han sembrado en mí, aquellos mal intencionados, si ella me ama tanto como yo a ella o si solo soy cual cero a la izquierda en operación matemática, soy mofa de muchos, por el amor que siento, no lo pedí y tampoco me siento cómodo, sin embargo, prefiero ser mofa del mundo por estar enamorado, que vivir atribulado, sin el éxtasis que representa

para mí, quererla cada día más.

_-*-

Jamás podría yo, siquiera pensar en odiarla,

pues cada día que pasa, yo más la amo, y al

verla en brazos de otro hombre, mi corazón

se achurra cual hoja de papel tirada al cesto,

olvidarla yo quisiera, más recuerdo aquellos

momentos, que pasamos juntos, todo el

amor, los besos y las caricias, y me doy

cuenta que valió la pena, besos y abrazos

que nunca llegaron, o que jamás los noté,

estuve esperando por mucho, pero

lamentablemente llegue tarde a la fiesta,

aquel ágape que a los pocos días me di

cuenta, que ni siquiera estaba invitado aun

siendo el anfitrión.

-*-*-*-*-*-*-*-*-*-*-*-*-*-*-*-*-*-*-*-

Quien suele pensar que el amor no

correspondido, si se es perseverante, puedes

llegar a conseguirlo, con el tiempo aprendí,

que es de suma importancia la

perseverancia, el amor aunque algunas

veces nos haga sufrir y llorar, no son más

que lecciones de la vida que te preparan,

para encontrar lo que sin duda será, el más

grande amor de tu vida, un amor dulce,

bonito y sincero, que no distingue raza,

credo, status social, simplemente es lo que

creo yo, un amor inmensamente bello, el

cual me ha inspirado a escribir estos versos,

que aunque un tanto cursis resultan ser, y es

que ¿quién dijo que por ser joven no se

puede ser romántico?

¡Falso! para el amor y el romanticismo no

hay edad, y por más que hayas sufrido en el

amor, desamor,

aunque te hayan roto el corazón más de una

vez, sé que encontraré

el amor, en lo que considero que será el

amor más grande que se haya visto en todo

el mundo, creo que me faltara vida para

poder demostrarlo, porque aun después de

muerto y en las vidas venideras, seguiré

amando de la forma en que estoy amando

ahora mismo, y pasarán los segundos, los

minutos, las horas, los días, las semanas, los

meses, los años los lustros, las décadas, los

quinquenios, los siglos, los milenios, Y en el

final del mundo te seguiré queriendo más de

lo que te quiero ahora, del mismo modo en

que cada minuto que pasa, eres aún más

bella de lo que solías ser, así va aumentando

el sentimiento que albergo hacia ti.

-*-*-*-*-*-*-*-*-*-*-*-*-*-*-*-*-*-*-*-

Quién lo diría, que el amor está, dónde tu

menos lo esperes, y es que, cuando estas

sumergido en situaciones superfluas, es que

no te das cuenta, de lo que ocurre a tu

alrededor, de lo hermoso que es la vida, de

lo bello que es el amor, aunque temas por el

hecho de que te rompan el corazón, no

importa no hay sentimiento más bonito, creo

yo, que el amor ya que es algo que te

complementa la vida, compadezco aquel

que no ha sentido, lo que es el amor

verdadero, pobre de esa persona, no tiene ni

la más remota idea de lo que se pierde, de lo

31

hermoso que es querer y que te quieran, de

sentirte que eres importante para esa

persona, y poder demostrar que esa persona

es importante para ti, no importa nada de lo

que ocurra alrededor, solo esa persona

amada, ya que es, sin lugar a dudas, la

persona más importante y la que más

quieres en el mundo.

-*-*-*-*-*-*-*-*-*-*-*-*-*-*-*-*-*-*-

Despertar a su lado, todas las mañanas, es lo

que más yo quiero, pues es tanto el amor,

que por ella yo siento, al sentir su perfume,

me enamoro más,

Puede que haya otras más hermosas e

inteligentes que ella, pues nada me importa,

mi corazón a ella fue a quien escogió, son

sus caricias las que me vuelven loco, son sus

besos los que más quiero en la vida, nada de

las banalidades del mundo son importantes

para mí, si la tengo a ella a mi lado, al no

tenerla es como si me faltara el aire, con ella

a mi lado todo es perfecto, encuentro

armonía y paz, tanto que la necesitaba.

-*-*-*-*-*-*-*-*-*-*-*-*-*-*-*-*-*-*-

Solo contigo tengo la sensación que puedo volar, sin temor a caerme, a tu lado pienso que todo es posible, las más grandes hazañas, las puedo hacer contigo. De nada me valdría alcanzar el cielo y tocar las estrellas, si no estás conmigo para poder, juntos disfrutar de tan magno espectáculo.

-*-*-*-*-*-*-*-*-*-*-*-*-*-*-*-*-*-*-

Al ver mi tierra, desde lo más alto, allá te veo, ataviada como siempre, de hilo y satín, con el ajuar de siempre, y yo iluso, con ansias de llegar a tu lecho, cruzaría océanos nadando por ti, de saber que al final estaría contigo. De vivir o morir, de navegar o simplemente llegar, mi ser se vuela hacia ti, simplemente por amor.

-*-*-*-*-*-*-*-*-*-*-*-*-*-*-*-*-*-*-

Melodía que me hace suspirar, al verde
campo quisiera llegar.

Y las flores cortar, armar un gran ramo solo
para ti,

De modo que simbolice todo aquello que
siento,

Aunque las flores se marchiten, al romper el
alba,

Yo siempre te amare, intrínseca y
espontáneamente,

Al tiempo y a la vida, no le devuelve nada,
ni envidia ni distancia.

Solo amor florece, las rosas rojas que tanto te
gustan.

_-*-*-*-*-*-*-*-*-*-*-*-*-*-*-*-*-*-*-*-_

Al estar entre sus brazos, es a mí a quien añoras, sus besos no te saben a nada, pues es a mí a quien quieres, en secreto dices mi nombre, él lo sabe, no obstante, se hace de oídos sordos, por miedo a perderte. A él lo tomas de la mano, caminas luciendo orgullosa a su lado, aunque por dentro estas muriendo, queriendo que fuese yo el que estuviese allí en lugar de él. Con ansias de sucumbir a la pasión que solo sientes al entregarte toda a mí.

Ese hombre no es mejor que yo, y tú lo sabes, ni él ni ningún otro con quien has estado, tu cuerpo mis caricias reclama. En tu piel aún conservas la esencia de mi ser. Tal vez él te quiera más que yo, pero nunca podrá AMARTE más que yo.

_-*-*-*-*-*-*-*-*-*-*-*-*-*-*-*-*-*-*-*-

Te enamorarías de mí

Jorge Morales-Franceschi

Te enamorarías de mí, de mis besos, de mis

caricias, de todas aquellas cosas que sería

capaz de hacer por ti, los detalles,

Al despertar te llevaría una rosa roja y te

diría al oído <<buenos días amor>>,

Solo en ti pensaría, solo a ti miraría, la única

mujer en mi mente y mi corazón eres tú, te

llenaría de amor y felicidad, nuestras vidas

sería un eterno romance, pues cada día yo

vivíria para enamorarte.

_-*-*-*-*-*-*-*-*-*-*-*-*-*-*-*-*-*-*-

En los días lluviosos, solía deprimirme, estar

a su lado, es como si el sol saliera, toda cobra

de nuevo un sentido, me ha robado el alma,

su amor es lo mejor que me ha pasado en la

vida, con ella soy cada vez más feliz, sin

importar los problemas, con tal solo saber

que, al llegar a casa, ella estará allí, es razón

suficiente para seguir luchando, no importa

cuán difícil parezca, ella lo hace simple. Su

sencillez, su bondad y su ternura, acaban

por vencer mi actitud pesimista ante la vida,

es ella quien saca la mejor de mí.

_-*-_

Aunque a mi lado no está,

Siempre en mi mente y mi corazón ella está,

Tal vez debería llamarla, mas no me

atrevería,

Tal vez de rechazaría, aunque tanto la

amaría,

Si tan solo a mi lado ella estuviera, tan feliz

yo lo haría.

_-*-_

A lo inverosímil de mis frustraciones,

Solo en ella pienso, al escuchar la voz de

otra, la escucho a ella,

Al sentir otras caricias, me imagino que son

de ella,

Al besar otras mujeres, imagino que son sus

labios,

Aunque su amor no lo tenga, el tan solo

imaginarme,

¿Cómo han de ser sus abrazos? Es motivo

suficiente para mí,

A no perder la esperanza, de algún día, su

amor conquistar,

Y los dos juntos, fundirnos en un abrazo,

entregarnos al éxtasis del amor.

_-*-*-*-*-*-*-*-*-*-*-*-*-*-*-*-*-*-

Al tomar tu mano, todo mi ser se estremece,

al sentir tu presencia, es como si volviera a

nacer, al besarte mi alma viaja, a una tierra mágica, donde solo tú y yo existimos, donde hay imponentes árboles, un cielo azul, y una suave brisa acaricia tu cabello, solo tus ojos me miran, y yo me pierdo en esa mirada, cual laberinto sin salida, si ha de ser, pues perdido siempre estaré, en aquel lugar, pues nada más me hace falta, si tú a mi lado estas.

_-*-*-*-*-*-*-*-*-*-*-*-*-*-*-*-*-*-

Toda mujer merece un hombre que la ame cada día que pasa más, que no sea solo el amante ideal o el novio perfecto, también el amigo y confidente, yo quiero ser ese hombre para ti, aquel que sea el primero al que llames cuando estés triste o cuando tengas un problema, ser el primero al que le cuentes sobre tus logros y alegrías, mi amor y apoyo siempre tendrás, mi corazón sin

restricciones.

-*-*-*-*-*-*-*-*-*-*-*-*-*-*-*-*-*-*-*-

Quizás nunca sepa, si su amor es tan fuerte

como el mío, no importa,

Si tan solo pudiera tenerla a mi lado, tan

solo un minuto,

Inmensamente feliz yo seria,

Pues ella es, la que me complementa, dio

alegría a mi atribulado espíritu,

Lleno de amor a este pobre corazón,

En momentos oscuros, ella logró sacarme

adelante,

Cuando pensé que no volvería a amar,

La encontré, tomó aquellas piezas que

quedaban de mi corazón,

Y las volvió a pegar, me devolvió la alegría,

que hace mucho,

Había yo perdido.

_-*-

Algunas veces, yo te siento, tan cerca de mí,

Tan próxima y a la vez tan distante, como si

hubiese fronteras que no separaran,

Yo sé que, aunque lo niegues,

Tu corazón es mío, pues yo quisiera decir,

Mis versos y mi amor, son tuyos, a más

nadie quiero dárselos.

Aunque muchas mujeres, tenga, o tal vez

ninguna,

Tú eres a quien yo amo de verdad, pues no

importa las vicisitudes,

Ni el tiempo ni la distancia, si me amas tanto

como yo a ti,

Algún día, nuestras vidas se encontrarán y

muy felices seremos,

Juntos por el resto de la vida.

_-*-*-*-*-*-*-*-*-*-*-*-*-*-*-*-*-*-*-

Un cielo azul, una suave brisa mueve tu

lacio cabello,

A lo lejos yo te miro, cual muchacho

enamorado,

Ilusionado por el primer amor, son tus ojos

los que me iluminan,

Y tu dulce voz la que me endulza, con

mucho ímpetu quisiera yo,

Aprovechar estas cuantas líneas, para

decirte lo mucho que me gustas,

Que tanto es, lo que quisiera yo, entregarte

mi corazón,

Mi amor te daría, sin importar lo que me

costaría,

Entregaría todo por ti,

-*-*-*-*-*-*-*-*-*-*-*-*-*-*-*-*-*-

Viviendo en medio de una fantasía, dulce

alegría que seria,

Para mí el tener tu amor, te enamoraras de

mí,

Y cuando eso suceda, la mujer más feliz del

mundo te hare,

Todo mi amor te brindare, jamás de mi lado

te apartare,

Siempre contigo estaré, con un abrazo te

recibiré,

Por las tardes contigo me quedare, a

contemplar el atardecer,

Perderme en tus ojos, y embriagarme con la

copa, de tu dulce amor.

-*-

Sin tu amor, sin tus besos, sin tus abrazos,

nada soy,

Sin tu voz de aliento que me anime a seguir

adelante, nada soy,

Sin tu piel junto a la mía, nada soy,

Sin tu cabello acariciándome, nada soy.

-*-

Por las noches, al cielo yo miro,

Un sin número de estrellas yo veo,

Al ver la más hermosa, imagino que es ella,

Al estar lejos me pregunto, ¿pensará ella en

mi tanto como yo pienso en ella?

Que quizá otro habrá, ninguno como yo,

Jorge Morales-Franceschi

Amor tan grande como el que siento yo, tal

vez hayan,

Muchos, fácil sería buscar a otra, mas no hay

nadie como ella,

Su hermosura llana todo mis ser, cuando la

tengo cerca,

Abrazarla solo quisiera, entregarle todo mi

amor,

Con todo mi ser yo la querría.

_-*-*-*-*-*-*-*-*-*-*-*-*-*-*-*-*-*-*-

No existen suficientes palabras, para

expresar lo que por ella siento,

Tinta y papel me faltarían, cientos de miles

de libros escribiría,

Bibliotecas enteras, de tomos yo llenaría,

Interminable seria, ya sea en verso o en

prosa, jamás me cansaría,

Te enamorarías de mí, la mujer más feliz del

mundo yo la haría,

Tal vez riqueza no tenga, gran palacio o una

corona,

Sin embrago, la reina de mi corazón ella

siempre será,

En otra vida habré yo de encontrarla, y mi

vida entera le volvería a entregar,

Siempre a mi lado, en las penas y alegrías,

Con ella hasta el fin de mis días, solo quiero

estar.

-*-*-*-*-*-*-*-*-*-*-*-*-*-*-*-*-*-*-

Un te amo, un te extraño, un te necesito

dicho de sus labios,

Es música para mis oídos, alegría a mi

contrito corazón,

Regocijo embriaga, cual niño al abrir los

regalos la mañana de navidad,

No son mas que palabras, tal vez sin sentido

alguno, pero al escucharlas de su voz,

Siento que toda mi vida se estremece, sus

ojos al mirarme, un destello de luz,

El arcoíris al final de la tormenta, la luz al

final del túnel,

Que más podría yo imaginarme, que sus

palabras, susurrándome al oído, ese te amo,

Y yo a su lado para tomarla entre mis

brazos, y juntos entregarnos a la pasión de

aquel,

Nuestro gran amor.

_-*-*-*-*-*-*-*-*-*-*-*-*-*-*-*-*-*-*-*-

Mi vida un nuevo rumbo toma, al tenerte a

mi lado, aquellos momentos de melancolía,

donde vivía yo, han quedado en el pasado,

la felicidad de tenerla cerca, hace que todo

mi mundo sea perfecto, sin importar las

guerras, los conflictos sociales, todo aquello

desaparece al tenerla a mi lado, pues mi

vida en torno a ella solo gira, mi sol gira en

torno a ella, en torno a nuestro amor,

aunque el mundo se acabara hoy, moriría

contento, de saber que al menos antes de

partir, supe cuan dulce y hermoso fue sentir,

ese amor que solo ella me sabe dar.

_-*-*-*-*-*-*-*-*-*-*-*-*-*-*-*-*-*-*-*-

A la vida o a la suerte le doy gracias por ponerte en mi camino, aunque si te perdiera, sería injusto de mi parte achacarle la culpa, lo sobrehumano haría, por tenerte siempre a mi lado, viviría para enamorarte todos los días, hoy más que ayer y mañana más que hoy, pues solo para eso vivo yo desde que te conocí.

_-*-*-*-*-*-*-*-*-*-*-*-*-*-*-*-*-*-

Si algún día, por si acaso, nuestro amor llegara a su fin, cosa que dudo tal vez, llegaría entonces al ocaso de mi vida, otras mujeres habrán, quizás, sin embargo, yo seguiría pensando en ti, un lugar especial en mi corazón siempre tendrías, aunque llegue a amar de nuevo, tu siempre estarías presente, a pesar de la distancia y el tiempo,

nunca se olvida, aunque personas nuevas

que conozcas, nunca se olvida.

De amor podría escribir, cientos de miles de

historias,

Gran narrativa, buenos personajes, número

uno en ventas a nivel mundial,

De nada valdría, sin mi musa inspiradora,

razón de mi alegría,

Inspiración de mis libros, nada sin ella soy,

mi corazón es suyo,

Sobre mi cama está ella, esperando ser

amada, mis ojos se iluminan al verla,

Por momentos el mundo se detiene, y sus

caricias me embelesen,

Entregarme solo a ella, es mi única adicción,

si por su amor he de morir,

Pues a la muerte he de entregarme hoy.

-*-*-*-*-*-*-*-*-*-*-*-*-*-*-*-*-*-*-*-

Por momentos, casi siempre, la siento

ausente,

El celular en sus manos, envidia siento de

aquel aparato, quisiera yo ser,

Para estar siempre en sus manos, y que sus

dedos toquen cada fibra de mi ser,

Y que me lleve siempre con ella, sé que

nunca me abandonaría,

Aquel amor de mi vida, solo piensa en

moda, música y farándula,

Yo solo pienso en ella, y en lo dulce que es

su voz, esa emoción que me produce,

Al decirme que me extraña, eso como si me

mataran y al cielo me enviaran,

Para luego resucitarme y decirme que tan

solo fue un burdo sueño.

-*-

No sé a quién le miento, si a la gente, si a la

luna o a mí mismo,

Yo la amo más que nunca, extraño su

presencia, cuando me escribe,

Me vuelvo el hombre más feliz del mundo,

cuando me dice un simple << ¿Cómo

te va? >> Siento que mi vida cobra

un sentido,

De su infinito amor no puedo prescindir,

por más que lo intente,

Por más que busque amor en otros cuerpos,

a ella siempre regreso,

55

Jorge Morales-Franceschi

Cuando no estoy cerca de ella, me ahoga el

sentimiento, de pensar en el futuro,

Pero cuando a su lado estoy, el futuro deja

de ser importante,

Solo me enfoco en el presente,

De nada me vale planear un futuro, si a ella

junto a mí no la tengo.

_-*-*-*-*-*-*-*-*-*-*-*-*-*-*-*-*-*-*-

Del cielo, la lluvia cae, gota a gota mojan mi

piel, muy al fondo,

Entre esas nubes negras, se esconde el sol, y

cuando ese sol salga,

Sé que estaremos juntos, para recitarte los

versos,

Aquellos dulces versos que te dediqué

anoche mientras te dormías,

¿Te enamorarías de mí? Un simple hombre

de letras, sin fortuna ni tan apuesto,

Pero con un inmenso corazón, el más grande

amor para ofrecer,

De amores no se vive, yo lo sé, sin embrago,

a tu lado siento que todo es posible.

-*-*-*-*-*-*-*-*-*-*-*-*-*-*-*-*-*-*-

Me acuesto en mi cama, justo antes de

dormir, veo una foto de ella, Llena de júbilo

este contrito ser,

Escribir solo sé, y ya ni eso hago bien,

Pues desde que la conocí no me puedo

concentrar,

Su perfume impregnado en mi piel,

Entre sus piernas quisiera estar,

Gritarle al mundo lo que por ella siento,

Mueran todos de envidia,

Dejarme llevar por esta lascivia es lo que

más quiero en esta vida.

_-*-*-*-*-*-*-*-*-*-*-*-*-*-*-*-*-*-*-_

En mí ella despierta, ese lado oscuro y

salvaje,

Su inocente mirada me provoca,

A robarle cientos de miles de besos,

En las tardes durante la siesta, imagino su

cuerpo sobre el mío,

Entregándose toda a mí,

Y yo dejándome llevar hacia su manantial,

Acabando en ella, cosa jamás antes descrita,

Del vino de su amor me embriago,

La misma rutina todos los días,

Hasta el fin de nuestras vidas,

Si es imperante perecer,

Quiero que sea justo dentro de ella.

-*-*-*-*-*-*-*-*-*-*-*-*-*-*-*-*-*-*-

Yo le digo que la amo, ella solo dice que me

quiere,

Gente me dice que la olvide,

Pues en otros cuerpos puedo encontrar,

El placer que ella me da,

No es el placer lo que busco,

Tal vez no sea la ninfómana que todo

hombre sueña,

Pero mi corazón la escogió a ella, es perfecta

para mí,

Hecha a la medida.

Yo solo busco la tranquilidad, el amor y la

armonía,

Que solo ella me otorga,

Como el roció de la mañana, cuando su boca

yo beso,

Como la brisa que mueve las ramas de los

imponentes arboles;

Así me siento cuando estoy con ella, mi

dulce amada,

Estrella de mi cielo, luz de mis ojos,

inspiración de mis versos,

Si tan solo tu amor perdiera, no sé qué de mi

vida seria.

-*-*-*-*-*-*-*-*-*-*-*-*-*-*-*-*-*-*-*-

Toda mujer en el mundo, dama sin

excepción,

Merece aquel hombre que la escuche en su

silencio,

Que la apoye en sus locuras,

Que sea esa roca de sostén para levantarse,

Que la consuele en sus fracasos,

Que la felicite por sus logros,

Que siempre le dé un cumplido en la

mañana,

Que la reciba con flores al llegar a casa,

Que le mande poemas de amor al celular

durante el día,

Que la ame por las noches con perturbado

frenesí,

Y la despierte por las mañanas con una rosa

roja, desayuno a la alcoba,

Y le susurre al oído <<te amo, amor de mis

amores>>.

_-*-

En esta ciudad me encuentro, llena de

cuerpos sin amor,

Frases sin sentido y edificios perturbadores,

El hedor y la podredumbre impregnan cada

poro de mi piel,

Me consumo de adentro hacia afuera, siento

como si mis venas se fueran haciendo cada

vez más pequeñas, la sangre en mi cuerpo

ya no fluye como antes,

Como si caminara entre *zombies*,

La veo a su lado e iracundo me pongo, de

envidia me colmo,

Si tan solo fuera mía...

Aunque codiciarla sea pecado, al infierno

feliz iría,

De tan solo saber que, por la eternidad seria

mía,

En el fuego y azufre me bañaría, con tal de

acabar entre sus piernas,

Sus caricias y abrazos me mantendrían

fresco; ¡Cuánto jubilo invadiría mi ser!

Por ella yo lucharé, perseverante siempre

seré, la esperanza nunca perderé,

Que conquistar su amor yo lograré.

_-*-*-*-*-*-*-*-*-*-*-*-*-*-*-*-*-*-*-

Ayer la divisé, soleada mañana de febrero,

con su vestido blanco y labios carmesí,

De cabello negro teñido, pues es rubia

natural,

Pese a la distancia, pude reconocerla,

Tanto o más que antes, de ella sigo

enamorado,

Aunque muchas semanas han pasado,

recuerdo esa noche, juntos los dos,

Cuando conversamos sin palabras y nos

amamos sin tocarnos,

Aquella noche, con ella aprendí, cuán

sublime e inocente el amor podría llegar a

ser,

Solo cuando se encuentra, a la persona ideal

para amar.

-*-*-*-*-*-*-*-*-*-*-*-*-*-*-*-*-*-*-*-

Aquí me hallo, en su regazo, contemplando

el atardecer;

Sus suaves manos acarician mi cabeza, al

oído me susurra,

Palabras dulces y frases de amor,

Mi cuerpo está junto a ella, no obstante, mi

mente en otra parte,

En algún universo alterno tal vez, cual

dimensión desconocida,

Pienso en la otra, teniéndola a ella a junto a

mí,

Falaz no podría ser, a ella la quiero, a la otra

la amo,

Y la otra riposta quererme, sin embrago, ella

dice amarme,

Correr quisiera yo, alejarme de ella, e irme

con la otra,

Saben perfectamente lo que pienso y siento,

Y ambas juegan con mi mente, se mofan de

mí a diario,

Cual juego maquiavélico y conspirador,

Si a elegir me pusieran…

A ella la dejo y con la otra me quedo.

_-*-*-*-*-*-*-*-*-*-*-*-*-*-*-*-*-*-*-

Siempre sonrío, en la medida de lo posible,

aunque su amor este lejos,

Su bello recuerdo llevo guardado,

Cien razones para estar triste tengo, y cien

mil para estar feliz,

Si ella hoy se aleja, otra tal vez pueda llegar,

Aunque mi corazón parezca de piedra, es

frágil como el cristal,

A veces rio, otras lloro, y otras canto, lo

mismo que cualquier otro,

Nadie se imagina cuanto lloro por las

noches,

Pues a plena luz del día, con todos rio,

A mis espaldas yo sé que soy, víctima de las

más crueles mofas,

Por mi amor hacia ella.

Precisamente aquellos que ríen conmigo,

son los orquestadores,

Se regocijan en mi melancolía, de pobre

iluso soy tildado,

En mi mente también lo supe,

Sin embargo, en batalla campal, nunca

puede más la razón que el corazón,

Amarla aún yo quisiera, pese a su funesta

partida,

En su vida hay alegría al estar lejos de mí, al

viento me ha echado,

Mientras mi pobre corazón sigue

sollozando,

Por el déficit de su presencia,

Y con gran ímpetu busca, amar igual o

mucho más que en el pasado,

Pues nunca podrá odiar, a quien alguna vez

amo con gran locura.

_-*-*-*-*-*-*-*-*-*-*-*-*-*-*-*-*-*-*-

Y fue precisamente, aquella tarde soleada,

en que el cielo era más azul que nunca,

Una brisa suave y un silencio ensordecedor,

fueron los que me hicieron despertar,

De aquella pesadilla en que vivía, un hueco

en lo más profundo de mi corazón,

Después de haberla perdido, después de

llorar y suplicar,

Al cielo le pedí una segunda oportunidad,

que me la devolviera, me ignoró

naturalmente,

No puede devolverme algo que nunca tuve,

pues jamás fue mío,

Ni siquiera el amor que albergaba en mi

pecho, ni mis pensamientos, ni siquiera los

poemas de este libro,

Nada fue mío, le entregué todo,

Por unas cuentas horas de amor, mi vida

entera

Me di cuenta, ella está mejor sin mí,

Ella está mejor sin él, está mejor sin ella, está

mejor sola,

No sé si yo esté mejor sin ella,

El amor de mi vida, es un espíritu libre, que

sueña con ser feliz,

Mas no halla esa felicidad, ¿Dónde está? La

busca y no la encuentra,

Se pierde en la oscuridad de la noche,

buscando el amor, ese amor que a mí me

negó,

No lo encuentra, viaja entre mundos

desconocidos por todos, no lo encuentra,

A otras le juré amor eterno en tiempos

pasados, no era más que una falacia, nunca

había estado tan enamorado e ilusionado

con ahora,

No sé si ella me quiere, si alguna vez me

quiso o si alguna vez me querrá,

Nunca lo sabré….

Lo único que sí sé, es que, en lo más

profundo de mi corazón, aunque lo oculte

de todos,

No pierdo jamás la esperanza, de algún día

estar con ella y por fin ser felices.

-*-*-*-*-*-*-*-*-*-*-*-*-*-*-*-*-

Encerrado entre estas cuatro paredes,

rodeado de un sin número de personas, pero

a la vez sintiéndome solo. Añorando el

tiempo que se fue y no vuelve, buscando

una letra, una palabra, alguna frase u

oración, mediante la cual yo pueda expresar

lo que mi corazón alberga, a su lado todo es

más simple, puedo ser yo mismo, pues solo

hablamos con las miradas, sus caricias me

dicen todo lo que necesito saber, sus abrazos

mi alimento y sus besos mi bebida. Todo lo

necesario para ser feliz,

Está precisamente con ella a mi lado.

_-*-

Nunca sé si estas molesta o no. Ya casi nunca hablamos ni nos vemos. A medida que pasan los días, tocarte y sentir tu esencia ansío. Que me mires a los ojos y me digas que me amas con locura. Solo contigo sé que puedo volar sin temor a caerme, solo a tu lado siento que tengo paz. Si no estoy contigo, mi corazón se siente afligido, lleno de miedo e inseguridad. Aunque no llame ni escriba, Yo te amo. En mis pensamientos siempre estas. Si tan solo pudiera retroceder el tiempo y evitarte las lágrimas y el sufrimiento que has padecido, con gusto lo haría. Tu sonrisa sería la mayor recompensa para mí.

Te extraño mucho. A cada instante tu

nombre viene a mí. Con gran nostalgia

recuerdo, aquel ósculo en el parque, a la

sombra de nuestro árbol, donde nos

entregamos a la ternura y el erotismo,

vituperada por muchos, transigida por

nosotros.

_-*-_*-_*-_*-_*-_*-_*-_*-_*-_*-_*-_*-_*-_*-_

Memorias de un amor en tiempos modernos

Jorge Morales-Franceschi

- ¿Que ha pasado contigo?, ¿Por qué ya no eres la misma de antes? -

- ¿A qué te refieres?, sigo siendo la misma. -

- Antes eras humilde, luchadora, gran amante, siempre tierna, mas ahora te has vuelto fría, seca, floja y arrogante-.

-Yo no cambie, simplemente maduré, crecí como persona y como mujer. - responde ella.

- No. No confundas los términos. Ya no eres aquella mujer de la cual alguna vez me enamoré. -

- Tú también cambiaste Patricio, no vengas a echarme la culpa a mí de todo, fuiste tú quien se enfocó en su trabajo, el que abandonó el hogar. Tú me hiciste cambiar-.

-Lo hice para complacer tus caprichos Mónica, pues para ti el dinero se volvió algo prioritario, ¡que tonto fui al pensar que al tener más dinero serias feliz!, todo lo contrario, entre más dinero tienes, más quieres gastar, no eres capaz de medirte, más aun con la difícil situación económica que atraviesa el país. ¿Acaso no te importa despilfarrar grandes sumas de dinero mientras hay niños muriendo de hambre en los pueblos del interior de país? ¿En qué clase de monstruo te has convertido? - le dice, con tono de reproche.

Ella solo observa a Patricio fijamente a los ojos, no articula palabra alguna.

Patricio y Mónica son una pareja que acaban de cumplir dos años de casados. Fueron novios durante un largo periodo hasta que por fin decidieron casarse.

Mónica siempre fue un tanto vanidosa y despilfarradora de dinero, a pesar de no siempre haber sido de buena posición económica, siempre le llamaron la atención las cosas lujosas, a Patricio en aquel entonces no le importaba, pues a pesar de ser vanidosa, ella era muy trabajadora, y ahorraba para complacerse sus caprichos. Jamás fue dependiente de ningún hombre.

Mientras que Patricio siempre fue un muchacho trabajador, con metas claras, tener una profesión, acumular un capital para poder formar una familia, y no es que el dinero sea lo más importante para él, sino que está consciente que no solo de amor y cariño se puede vivir.

Pasados algunos minutos de silencio, Mónica se encierra en el baño a llorar mientras Patricio se encuentra en la sala, solo y pensativo, tratando de analizar qué es lo que pasa con su matrimonio, ¿por qué ya no es tan feliz como solía serlo?, ¿En qué falló? el hizo absolutamente todo para complacerla, se endeudó hasta más no poder, e incluso sacrificó su sueño más grande de ser padre, pues Mónica le dijo que jamás quería tener hijos, pues eso arruinaría su hermosa figura. Patricio lo aceptó, sin embargo, aunque él se rehúse admitirlo siquiera en pensamiento, el hecho de jamás tener hijos lo está volviendo loco e iracundo.

Entre tanto, Mónica encerrada en el baño, llora desconsoladamente y piensa ¿por qué su matrimonio está fracasando?, ¿por qué ya no es capaz de hacer feliz a su esposo?, al cual sin duda alguna; ella ama entrañablemente.

Al cabo de unas horas; Mónica sale del baño, y se aproxima hacia la sala de la casa, allí se encuentra sentado Patricio, leyendo un libro, buscando de alguna forma escapar de la triste y penosa realidad que lo consume, a través de la literatura. Gran fanático de las novelas de suspenso y drama, aunque también disfruta de la poesía.

Ella se aproxima al sillón donde Patricio esta y el al ver a su amada esposa, se levanta y le da un gran abrazo.

- ¿Tienes hambre mi amor? Ya voy a preparar la cena. -

- No, no tengo hambre, solo quiero estar contigo. A tu lado no necesito más nada-

-No me gusta que estemos peleando tanto. Por favor perdóname. -

-A mí tampoco me gusta que estemos peleando, y perdóname tú a mí, fui muy duro contigo, tú sabes que te amo más que a nada en esta vida, y lo único que quiero es que seas feliz. -

- Yo también te amo, la verdad es que ambos fallamos, ambos hemos cometido errores.

- Es cierto, y ambos podemos salir adelante. Juntos.

Luego de aquella conversación, Patricio y Mónica se fueron a dormir. A pesar que las peleas entre ellos cada vez se hacían más constantes, siempre terminaban reconciliándose. Ya sea que él la llamara a ella, o ella lo llamara a él. Están ambos hechos el uno para el otro.

Patricio y Mónica se conocieron en la empresa donde ambos trabajaban, la química entre ellos no fue instantánea, pues Mónica siempre tenía sus reservas en cuanto a salir con alguien del trabajo, siempre pensó en eso, como algo poco ético y que se prestaría a habladurías.

Luego de comenzar a tratar a Patricio, ella comenzó a gustarle mucho su compañía, a tal punto que él se quedaba a esperar a que ella saliera de su turno para acompañarla hasta su casa. Ella vivía cerca del trabajo y mientras caminaban juntos, siempre conversaban de diversos temas, un tanto profundos, sobre el amor, la historia, literatura, filosofía, música farándula, entre otros. Él la hacía reír con las cosas que decía. Luego de llegar ambos a sus respectivas casas, seguían conversando vía mensajería instantánea y otras veces por teléfono, por horas y horas, Mónica es muy inteligente y culta, domina muchos temas. Por alguna extraña razón ambos sentían que podían contarse cosas mutuamente, incluso, secretos que no se atrevían a confesar con nadie. Fue entonces cuando la química comenzó a fluir entre ambos, él le escribía poesía y ella estaba completamente encantada con él, de modo que comenzaron a salir juntos.

Mónica es una mujer de estatura media (entre 1.58 a 1.63 metros aproximadamente), ojos cafés, piel blanca y cabello rubio. Siempre elegante en el vestir, es la envidia de todas las mujeres en su trabajo, pues lo que sea que se ponga, le queda perfectamente bien. Resalta su hermosa figura.

Patricio es un tipo bastante alto (1.80 m), de cabello castaño, y tez trigueña. Un tanto sobrio en el vestir, siempre de saco y corbata, pues ahora es dueño de su propia empresa. Cuando él y Mónica trabajaban juntos, solía ser bastante casual en su modo de vestir.

A la mañana siguiente, Patricio se encuentra sentado en el comedor desayunando, generalmente se levanta temprano, es un viejo hábito que aún conserva, a pesar del ser el dueño de la compañía. En ese momento llega Mónica recién levantada, ella generalmente se levanta un poco más tarde.

- Buenos días señora Mónica, ¿le sirvo ya el desayuno? – pregunta una de las empleadas domésticas.

- Si Carolina, ya puedes servirlo por favor-

- Buenos días Mónica, ¿cómo amaneces? -

- Estoy bastante bien, sabes Patricio, anoche estuve pensando mucho y creo que quizás sea buena idea esa terapia de pareja de la que me hablaste el otro día-.

-Está bien- Responde Patricio, con una voz un tanto seca y fría.

- ¿Te pasa algo mi amor? -

-Para nada. Todo está bien. -

Él se levanta de la mesa, le da un beso a Mónica, toma su saco y sale rumbo a la oficina.

Como es de costumbre en las mañanas, un tráfico descomunal acapara las principales arterias vehiculares de la ciudad, Patricio enciende la radio del auto para distraerse, pues sabe que nada ganara alterándose por el tráfico. Por más que intenta, no puede dejar de pensar en la pelea que tuvo con Mónica el día anterior, y sobre todo en las constantes peleas que están teniendo últimamente. En su mente, recuerda aquellas noches que se quedaba despierto hasta tarde conversando con Mónica, cuando los temas de conversación parecían interminables, cuando él al revisar su celular veía con emoción y sonrisa pícara los mensajes que ella le mandaba. A pesar que él siente aun la misma emoción, ya no parece ser recibido con la misma euforia de antes por parte de su esposa, pues muchas veces durante el día él le escribe cualquier cosa, alguna palabra dulce, un verso y simplemente recibe un "Está bien" o un "después hablamos", en el mejor de los casos.

Otras veces, Patricio llama a su celular y simplemente ella no contesta. Él se siente mal pues piensa que su amada esposa no tiene tiempo para él.

Todo parece ser más importante, menos su matrimonio.

En la casa, Mónica se prepara ya para salir a trabajar. Mientras se arregla, ella intercambia mensajes de texto con una de sus mejores amigas, Luisa, quien jamás le ha caído bien Patricio por alguna extraña razón. En el fondo Luisa siente envidia por la vida que Patricio y Mónica tienen, pues mientras Mónica está felizmente casada, tiene un hogar, un trabajo exitoso y una profesión; ella está sola, amargada, con casi treinta y seis años aún vive con sus padres, y cada día más vieja y arrugada, todo esto a pesar de no ser una mujer fea, simplemente ella ha descuidado mucho su arreglo personal, la envidia y su negro corazón la corroen por dentro; cual polilla a la madera. Es por eso que no ha podido prosperar en la vida.

Ellas, Luisa y Mónica, conversan por horas y horas de diversos temas que van desde farándula, estética e incluso; del trabajo de ambas. Desde luego, Luisa no desperdicia oportunidad alguna para hablar mal de Patricio.

Mónica siempre hace caso omiso a los comentarios mal intencionados de sus amigas e incluso de su familia, no obstante, siempre pide consejo sobre cualquier decisión importante que deba tomar. Escucha varios puntos de vista, con el ánimo de al final, tomar la mejor decisión, aunque al final siempre termina haciendo lo que le venga en gana. Esa es una de las principales cosas que enamoro a Patricio en el momento que la conoció, Mónica demostró ser una mujer capaz de tomar sus propias decisiones, inteligente y muy pragmática.

Aun estando casada, siempre ha habido muchos hombres detrás de Mónica, ella los rechaza pues dice amar a su esposo entrañablemente, solo que el amor y el cariño se los guarda para sí misma.

Patricio en su oficina; sentado frente a la computadora, a su espalda, la vista imponente de la ciudad, y no es para menos, su oficina se encuentra en el vigésimo primer piso del centro de comercio mundial.

En su mente recuerda cuando recién comenzaba a salir con Mónica; su cumpleaños, el de Patricio, estaba cerca. Mónica por ser de muy mala memoria, anotó la fecha para no olvidarla, sin embargo, al llegar el día, ella lo olvido por completo. Aquel evento dejó a Patricio destrozado, no tanto por el hecho que olvidara su cumpleaños, sino porque Mónica había recordado el cumpleaños de su jefe, el cual cumplía tan solo dos días antes que él. Ella le pidió las mil disculpas por lo sucedido, y el embelesado de amor, la perdonó; aun cuando para él era más que imperdonable olvidar las fechas importantes. También aquella ocasión en que era su aniversario y el preparó una cena especial y había ido a una joyería y le compro un bonito brazalete a Mónica. Ella al ver todo lo que había preparado su entonces novio; casi muere de la vergüenza; pues había olvidado su propio aniversario, aquella ocasión en que ella y Patricio comenzaron a ser novio. Esta vez, Patricio estuvo molesto por varios días. Eventualmente la perdonó nuevamente, pues la amaba demasiado; y cuando se ama a alguien de verdad, se le acepta tal cual es, con sus defectos y virtudes…

Mientras tanto en su oficina, Mónica mira una foto que tiene en su escritorio de ella con Patricio, es de cuando ellos eran novios e hicieron un viaje a las Bahamas. En su mente recuerda cuando estaban en un restaurante y ella se levantó para ir al baño, justo en el momento que pasaba por la barra en el bar, un borracho la manosea y se acerca para besarla; ella rápidamente le da una cachetada. Patricio al ver la situación, se levanta de la mesa y le propina un golpe al sujeto; que por desgracia no estaba solo, al ver que su compinche estaba en el suelo, decide pelear con Patricio. Este que siempre ha sido un hombre pacífico, se enfrentó al otro sujeto, también propinándole una paliza. Aquel suceso termino con la expulsión a todos del restaurante.

También recuerda una vez que ella conversaba con un viejo amigo de la infancia, y Patricio armó todo un alboroto, pues pensaba que se trataba de alguna aventura que ella estaba sosteniendo, ella le explica que se trata de un viejo amigo; mas él no entiende razones, y toma el teléfono, discute con el hombre. Aquel amigo, le contaba a Mónica que había hecho públicamente su homosexualidad. Luego de la magnitud del malentendido, Patricio se disculpó, sin embargo, Mónica estaba furiosa con él. Los celos siempre fueron desmedidos. Aunque Patricio lo negaba, él estaba celoso. Otra muestra que ambos eran el uno para el otro, pues Mónica también demostró ataques de celos en muchas ocasiones, la gran mayoría sin fundamento alguno...

Cansada de pensar en lo mismo, Mónica resuelve irse de juerga con sus amigas a un bar. Ella pensó en llamar a Patricio para decirle, sin embargo, sabía que si hacia eso, el estaría molestándola y no podría disfrutar plácidamente de la velada con sus amigas. De modo que decidió mejor no llamarlo. A fin de cuentas, no estaba haciendo nada malo, pensó ella.

Mónica pasa un rato ameno con sus amigas en el bar, entre tragos y chismes, olvida por completo lo "atribulada" que es su vida.

Al salir del trabajo, Patricio llama a Mónica para decirle que va camino a casa y si desea que le lleve pastel de manzana, pues él sabe lo mucho que le encanta el pastel de manzana. Al momento de recibir la llamada, Mónica se encuentra reunida con unas amigas en el bar conversando, ella al ver que suena el teléfono, mira el identificador de llamadas en la pantalla del celular, al notar que se trata de Patricio simplemente rechaza la llamada y sigue conversando amenamente con sus amigas. Patricio intenta mandarle mensajes de texto a su celular, más ella al intuir que Patricio haría exactamente eso, por lo que coloca el celular en silencio y lo introduce rápidamente en su cartera.

Patricio sigue mandando mensajes al teléfono de Mónica sin recibir respuesta alguna, el comienza a perder la calma, aunque siempre es un hombre tranquilo y pacífico, siempre le exaspera el hecho que está tratando de comunicarse con su esposa y ella no le contesta.

Él se monta en su carro y conduce rumbo a casa. Patricio siempre ha sido un excelente conductor, respeta todas las señales de tránsito y siempre cede el paso a los otros vehículos en la vía.

Mientras va por una intersección, él espera a que la luz que el semáforo cambie a verde.

Una vez cambia, Patricio avanza por el cruce, cuando de repente un camino de materiales de construcción a alta velocidad impacta brutalmente contra el auto deportivo de

Patricio haciendo que este se voltee y quede boca abajo sobre la calle. Pese al fuerte impacto, la bolsa de aire no se activa. El auto queda completamente destrozado, Patricio trata infructuosamente de abrir la puerta, sin embargo, no le es posible. Luego trata de alcanzar un vaso de metal que tiene en la guantera del carro con el objetivo de romper el vidrio, no obstante, se da cuenta que ambas piernas las tiene atrapadas y no le es posible moverse.

Rápidamente llega la policía y los bomberos al lugar del accidente.

- ¿Que ha pasado? - Pregunta uno de los transeúntes al policía, mientras acordonan el área.

- Un terrible accidente, el chofer de ese camión, en evidente estado de ebriedad se pasó la luz roja del semáforo e impacto contra ese lujoso auto que esta allá. Aquel conductor se encuentra atrapado y muy mal herido.

- ¿Y el chofer del camión como esta?

- Eso es lo irónico, el chofer solo tiene unos cuantos rasguños y ni siquiera se encuentra consciente de lo que acaba de pasar, debido a su alto estado de embriaguez.

- Pobre hombre, hay que ver que la vida a veces es muy injusta.

Patricio desesperado, logra alcanzar su teléfono celular para llamar a su esposa y contarle lo que ha pasado. Para su desgracia, el teléfono suena y suena, pero Mónica no lo contesta. Él logra escuchar las voces de los rescatistas diciéndole que todo va a estar bien, que están haciendo todo lo posible por sacarlo, mas Patricio está lo suficientemente consciente para ver que los intentos por sacarlo entre los hierros retorcidos del auto han sido en vano.

Es entonces cuando Patricio toma su celular y comienza a escribir lo siguiente:

<<*Mónica, espero que cuando recibas este mensaje, te encuentres bien, trate de llamarte para saber si querías algo pero no me respondiste, iba camino a casa cuando un camión se pasó la luz roja y choco contra mi auto, ahora me encuentro atrapado y los rescatistas luchan por salvarme, pero creo que mi fin ha llegado, yo solo quiero que sepas que te amé desde el primer momento en que te vi, siempre supe que tú eras la mujer de mi vida, y pesar de todo, aún te amo, y en la eternidad, te seguiré amando. Por favor perdóname por todos los malos ratos que te hice pasar, por las veces que te sofoqué y exigí demasiado, por cuanto te presioné que tuviéramos un hijo, por las veces que te reproché tu falta de interés en nuestro matrimonio, ahora que me encuentro al borde de la muerte, es que puedo ver todo con más claridad, ahora se perfectamente bien que nos pasó, simplemente caímos en la monotonía, comenzamos a asumir que nos amábamos y dejamos de demostrarlo, perdimos la comunicación entre nosotros, yo sé que fue mi culpa y por eso escribo estos mensajes, me hubiese*

gustado al menos escuchar tu voz por última vez, verte sonreír y sentir tu piel junto a la mía, darte un beso y un abrazo y decirte que todo va a estar bien, aunque sea falacia.

Yo sé que tú me amas tanto como yo a ti, y te prometo que algún día volveremos a estar juntos otra vez, toma todo esto que nos pasó como experiencia de vida y úsalo en el futuro, no cometas los mismos errores, nunca hagas lo mismo una y otra vez esperando resultados diferentes. Con mucho amor, Patricio>>. Luego del texto, él manda muchos emoticones de corazón.

Habiendo podido llamar a muchas personas, el prefirió utilizar sus últimas palabras coherentes para despedirse de su esposa. Patricio mantiene el celular en su mano, cuando de repente, comienza a sentir una especie de corriente fría por todo su cuerpo, a pesar que dentro del auto, la calor es sofocante; una extraña presión sobre su pecho, él comenzó a sentir; era la muerte que venía por él, por más que lucha contra ella, parece inevitable su final, aun siente que tiene muchos asuntos pendientes; no quiere que su historia de amor con Mónica termine de ese modo, todo por culpa de un insensato conductor ebrio, ahora él debía perder su vida y la posibilidad de arreglar las cosas con su amada esposa.

Mientras tanto afuera los bomberos con una especie de sierra tratan de cortar el hierro del auto, más resulta tediosa la tarea. Uno de los paramédicos conversa con un bombero del área.

- Ese hombre se encuentra muy grave, no va a sobrevivir, ha perdido mucha sangre.

- Estamos haciendo lo que podemos para al menos sacar el cuerpo, ya logramos identificar a la víctima por medio del registro vehicular. Su nombre es Patricio Arellanos. La policía ha tratado de localizar a su esposa, pero no contesta su teléfono celular. Dejaron el mensaje en la casa con la empleada explicándole lo que ha sucedido.

- Muy triste lo que pasa, ojalá logren localizar a la esposa y pueda al menos despedirse de su esposo.

Finalmente, los rescatistas logran sacar el cuerpo del auto, desafortunadamente, luego de casi dos horas atrapado, yace sin vida, la muerte fue superior a Patricio.

Tenía solo treinta y tres años de edad.

Los rescatistas se quedaron asombrados al ver que Patricio aún tenía el celular aferrado a su mano y se veían claramente los mensajes que le había escrito a su esposa antes de morir.

Mónica llega a la casa luego de la reunión con sus amigas en el bar. A su llegada a la casa, Carolina la recibe al paso, entre llantos y desespero.

- ¿Qué te pasa Carolina?, ¿por qué estas así?

- ¡Ay señora! ha ocurrido una tragedia.

- ¿Qué pasó? ¡Habla de una vez mujer!

-Se trata del señor Patricio, tuvo un terrible accidente, la policía llamó para decir que el conductor de un camión, que se encontraba en estado de ebriedad, chocó contra el auto del señor, y este estuvo muchas horas agonizando hasta que finalmente lograron sacarlo, desafortunadamente ya estaba muerto.

Mónica queda en estado de shock al escuchar lo que Carolina le está contando. En ese momento ella toma su cartera y la abre, busca muy despacio su celular y comienza a ver las llamadas perdidas de su esposo y la gran cantidad de mensajes que él mandó antes del accidente y durante el tiempo que aún estaba con vida, atrapado en el auto.

Mónica nunca fue gran amante de los mensajes largos, pero en esta ocasión, ella busco sus anteojos y se puso a leer detenidamente, palabra por palabra, los mensajes que escribió su esposo antes de morir. Luego de leerlos, una sola lagrima brota de su rostro y cae justo sobre la pantalla de su teléfono celular; en ese instante cae desmayada. Simplemente no es capaz de aceptar lo que paso. Luego de unas horas, ella despierta y pregunta por su esposo; pensado que tal vez todo lo que ha acontecido de trata de una terrible pesadilla.

- ¡Carolina! ¿Dónde está mi marido? - ella pregunta desesperada.

- Señora, el señor Patricio ha fallecido, la están esperando en la morgue para que vaya a identificar el cuerpo.

- ¡No! Eso no puede ser, Patricio no está muerto, ¿Qué le hicieron a mi marido?, ¡ustedes serpientes venenosas! -

Tanto Carolina como el resto de los empleados se asustaron mucho al ver la reacción de Mónica y rápidamente llamaron al médico.

Luego de una evaluación psiquiátrica, se determinó que Mónica sufre un severo trastorno y es recluida en una clínica de reposo mental. Debido a su delicada condición, no fue capaz de asistir al funeral de Patricio.

Y así fueron pasando las semanas y luego los meses, Mónica aún seguía pensando que su esposo estaba vivo, por más que se le explicaba que el falleció en un accidente, en su mente es como si no hubiese pasado nada.

Samanta, la hermana menor de Patricio fue a conversar con el médico sobre el estado de salud de Mónica.

- ¿Cómo se encuentra Mónica doctor Méndez?

-No te voy a mentir Samanta, es muy probable que Mónica jamás se recupere, el trauma psicológico de haber perdido a Patricio en tan terribles circunstancias es algo que no la dejara vivir jamás. De igual manera seguimos con las terapias, pero temo que en el momento que ella vuelva a la realidad y se dé cuenta que Patricio no está, ella va atentar contra su vida.

Samanta, le informa al doctor que estará pendiente de la evolución de Mónica y que por favor se comunique en caso de cualquier novedad.

Han pasado ya varios años desde la muerte de Patricio, y Mónica aún sigue viviendo en un mundo de fantasías, pensando que su esposo está vivo y que vendrá a abrazarla y besarla tal como solía hacerlo. Ella no supo valorar los momentos en que tenía a su esposo, y ahora vive recluida en una institución mental, sin la más mínima esperanza, de algún día recobrar la razón.

-------------------------Fin-----------------------

Jorge Morales-Franceschi

Jorge Morales-Franceschi

Nace en la ciudad de Panamá, la tarde del martes 11 de junio de 1991. Cursó estudios de bachiller en ciencias en el prestigioso instituto José Dolores Moscote. Siempre se destacó como alumno ejemplar. Posteriormente ingresa a la universidad tecnológica de Panamá a cursar estudios de ingeniería civil.

Comenzó a escribir a la edad de 14 años algunos poemas y pensamientos.

El ensayo y la poesía siempre habían sido su predilección a lo largo de su adolescencia.

El 24 de diciembre del 2014 a las seis de la tarde, anuncia a través de sus redes sociales la publicación (de manera independiente) de su libro "A Quien Ama Las Emociones", un completo giro de ciento ochenta grados en su carrera como poeta y ensayista, pues incursiona en el género "cuentos" con esta obra; se trata de cinco historias donde

105

predominan el amor, la fantasía, el suspenso, el romance, pero sobre todo la crítica hacia una sociedad y un sistema claramente en decadencia.

Adicional tiene un blog donde periódicamente publica artículos de opinión y ensayos sobre diversos temas de cultura general, así como algunos fragmentos más destacados de sus obras.

Seguido están, su primera novela "Un Inmigrante en tu corazón", que narra como el amor puede ser mucho más fuerte que las vicisitudes de la vida y el poemario "Te enamorarías de mí", su primer libro de poemas, que también incluye el cuento "Memorias de un amor en tiempos modernos". Con estas obras, consolida su versatilidad dentro del mundo literario contemporáneo.

Redes sociales del autor

Twitter: @jorgemf1106

Blog: http://jorgemorales-franceschi.blogspot.com/

Facebook: Jorge Morales-Franceschi

Goodreads: Jorge Morales-Franceschi

Google +: Jorge Morales-Franceschi

Correo electrónico:

Jorge.moralesfranceschi@gmail.com

Instagram: Jorge_0611

Jorge Morales-Franceschi

Obras publicadas

-Pensamiento y Filosofía (Ensayo) *descatalogado*

-A Quien Ama Las Emociones (cuentos)

-Un Inmigrante En Tu Corazón (Novela)

-Te enamorarías de mi (poemas)

Jorge Morales-Franceschi

Te enamorarías de mí

www.ingramcontent.com/pod-product-compliance
Lightning Source LLC
Chambersburg PA
CBHW021203020426
42331CB00003B/184